Traduit de l'anglais
par Jean-François Ménard

Maquette : Laure Massin

ISBN : 2-07-053845-1
Titre original : *Eloïse in Paris*
Édition originale publiée par Simon & Schuster, New York
© Kay Thompson, 1957, pour le texte
© Éditions Gallimard Jeunesse, 1999, pour la traduction française
N° d'édition : 241043
Loi n° 49-956 du 16 juillet 1949 sur les publications destinées à la jeunesse
Premier dépôt légal : septembre 1999
Dépôt légal : janvier 2012
Imprimé en Italie par Gruppo Editoriale Zanardi

Kay Thompson

Eloïse
à
PARIS

illustré par Hilary Knight

GALLIMARD JEUNESSE

Un jour, c'était l'heure du thé,
et le téléphone s'est mis à sonner
comme s'il allait exploser, alors
j'ai décroché et, oh, là, là, c'était
la réception qui me disait
Eloïse, il y a un télégramme
pour vous, vous
voulez qu'on vous
le monte ?

Alors moi, j'ai dit,
et comment que vous me le montez,

illico presto, rapido, pronto,
triple galop, et cling clang
j'ai raccroché
le téléphone.

Et puis
j'ai filé dans le couloir

Nanny a la vue un peu faible.

C'était un télégramme de ma mère.

Oh, là, là, on va à Paris, France,
ça va nous mettre du rose aux joues.

Et quand on va à Paris, France,
on fait comme les Français,
on devient tout fou,
on se met du papier collant partout,
on tombe par terre, on grimpe aux rideaux,
on s'accroche à la cheville de Nanny
et on se laisse traîner sur le tapis.

Après,
on prend le téléphone
et on raconte
à tout le monde où on va.

Allô, la femme de chambre,
c'est moi, c'est ELOÏSE,
on va à Paris, France,
au revoir !

Allô, le porteur,
montez nos malles
au dernier étage parce
qu'on va à Paris,
France, France !

Allô, passez-moi le réceptionniste,
apportez-nous de la ficelle
pour attacher nos malles
parce qu'on va
à Paris, France,
bon voyage
et merci beaucoup !

Allô, appelez-moi le concierge,
au revoir, au revoir, au revoir !

Allô, passez-moi le directeur
s'il vous plaît. Bonjour, monsieur Viot,
c'est moi, ELOÏSE, faites suivre
mon courrier à Paris, France,
on part illico c'est-à-dire tout de suite,
bon voyage et merci beaucoup.

Et puis Nanny m'a pris le téléphone
et elle a appelé
le Dr Hadley
pour les vaccins.

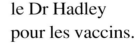

Pendant qu'il enlève son manteau,
il faut se laisser tomber sur le lit
et disparaître sous un gros tas d'oreillers
et mettre le plus possible de choses
sur sa tête et fermer les yeux très fort
et devenir tout raide
et cacher son bras sous la couette
et le glisser dehors d'un ou deux centimètres
pas plus, et ouille ! aïe !
pique, pique, piqûre !

Après, il faut se faire mettre
des compresses froides tout autour
de la tête et donner un grand coup
de chasse-mouches
sur le crâne du Dr Hadley
et cling clang décrocher le téléphone
pour qu'on vous monte
quatre pêches Melba
et trois whiskies secs sans glace
et mettez tout ça sur ma note
merci beaucoup.

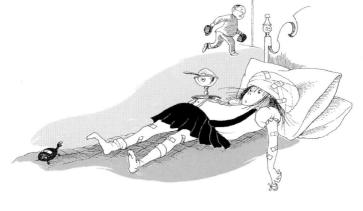

Le Dr Hadley a fait ses études à Harvard
et il porte toujours un chapeau melon
sauf quand il opère.

Cling clang, décrocher le téléphone
et appeler l'homme de loi
pour qu'il s'occupe des passeports
illico tout de suite.

Et il faut voir les photos des passeports !

Pour tout vous dire,
je suis plutôt photogénique.

Et oh, là, là, il a fallu en faire des valises !

Quand on va à Paris, France,
voilà ce qu'il faut prendre :
une raquette, des pinces,
le bottin
de New York,
un marteau.

Il faut aussi
prendre tout le reste. Absolument tout.

Pour faire mes valises,
j'ai toujours besoin d'un parachute
et chaque fois que je vais à Paris,
j'ai un médaillon autour du cou
pour qu'on sache que c'est moi.
D'un côté, il y a ma photo,
de l'autre un miroir,
comme ça je peux vérifier
que c'est bien moi, ELOÏSE.

A la dernière minute,
Emily est arrivée de Central Park
pour me dire au revoir.
Elle déteste l'humidité,
ça la rend malade, alors,
je lui ai laissé la fenêtre ouverte
pour qu'elle puisse profiter
de l'air conditionné
pendant qu'on sera partis.
Et je lui ai dit « A bientôt, pigeon »,
c'est comme ça qu'on dit Emily en français.

Après, je suis sortie dans le couloir,
j'ai fermé la porte et j'ai accroché
l'écriteau : « Prière de ne pas déranger »
à tout hasard.

Quand l'ascenseur arrive,
il faut se tenir prêt à y aller, y aller, y aller,
et alors, tu viens oui ou non ?

On avait 37 bagages en comptant
deux cintres, un appareil photo,
2 capsules, une bouillotte
et 2 boîtes de sardines.

Et tu veux bien sortir, sortir, sortir
de l'ascenseur, oui ou non ?

Je voyage
toujours incognito.

Mouflet a dit au revoir
au portier
et merci beaucoup.

A chaque fois que je vais
à Paris, France,
je dis au revoir au Plaza.

Ils savaient tous qu'on partait
mais personne n'a pleuré.

On a pris un taxi
pour l'aéroport,
c'est beaucoup, beaucoup,
beaucoup mieux.
Nanny dit que c'est plus romantique,
ooooooooooooooh, moi,
je l'adore ma Nanny !

Quand on arrive là-bas,
il faut enregistrer son billet
pour voir si on part vraiment
et acheter un ou deux bonbons.

Et, oh, là, là,
il était énorme, cet avion !
Avec des moteurs qui tournaient,
qui grognaient,
des bonshommes qui couraient,
s'agitaient,
et un camion plein d'essence
pour nous tout seuls.
On en a monté des marches
pour entrer là-dedans !

Sabena, c'est la seule compagnie
qui accepte les tortues à bord.

La chose à faire de toute urgence,
c'est enfiler le gilet de sauvetage
et aller voir ce qui se passe.

Mrs Fifield a le siège n° 6.
Elle fume 3 paquets par jour
et elle rit très fort.
Elle est de Dallas, Texas,
et elle a un bracelet
avec douze puits de pétrole
qui font gling-gling à son poignet.

Comme le pilote
n'a rien à faire,
on peut l'aider
à compter les comètes.

Je n'ai pas fait ma sieste
mais Nanny a dit
pas la peine
parce qu'on est
à 6 heures
de New York.

Toute la nuit, les moteurs
étaient en feu et personne
n'a pu dormir.

Il pleuvait quand on a atterri à Bruxelles
mais on ne s'est pas mouillé les pieds,
on est tout de suite repartis en l'air
dans un joli petit hélicoptère.

Quand on arrive à la frontière française,
il faut faire attention à son français.

« D'accord », ça se dit « OK ».
C'est le mot préféré de Mouflet.
Le mot préféré de Fanchounette,
c'est « zut » qui veut dire « flûte ».
Nanny, son mot préféré, c'est :
« Oh, mon Dieu ! » qui signifie :
« Regarde comme c'est beau. »

Moi, mon mot préféré, c'est :
« Je vous en prie, c'est un plaisir »,
qui signifie : « Il n'y a pas de mal,
je sais bien que vous n'avez pas fait exprès
de m'écraser les doigts dans la porte
et tant pis si ça saigne et si ça fait
horriblement mal, ce n'est rien du tout. »

En France, « non »,
ça se dit : « ho, ça va pas,
la tête ? »
« oui », c'est :
« ça se pourrait »

et quand on me
dit vous, c'est moi,
ELOÏSE.

Tout d'un coup Nanny
a dit « Oh, mon Dieu ! »
Ça voulait dire qu'on était
à Paris, France.

Il faut montrer son passeport
au cas où on serait
des clandestins sans papiers
qui feraient de la contrebande.

J'attache toujours mes capsules
de bouteille autour de ma poitrine
et je glisse mes pépins de raisin
dans une boîte de sparadrap à l'intérieur
de ma chaussette au-dessus de la cheville,
et mon chewing-gum,
il est trop bien caché pour qu'ils puissent
le trouver.

Quand on a passé la porte,
Koki nous attendait
avec un télégramme de ma mère.
Lui, c'est le chauffeur de l'avocat
de ma mère, il parle plein de langues.
Nanny dit que c'est bien pratique
parce que quand elle a des choses à faire,
elle aime mieux que ce soit en anglais.

Il m'a donné des fleurs de Paris
et il m'a dit
bonjour ma chérie,

alors moi, j'ai dit
bonjour mon chéri.

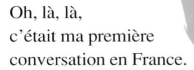

Oh, là, là,
c'était ma première
conversation en France.

Koki a 27 ans et des cheveux qui piquent
et tout ce qu'il fait, c'est sourire.
Il pèse 60 kilos sans sa chevalière
et en hiver il hiberne
dans le sud de la France.
Koki n'arrête pas de dire itou.
Ce qu'il aime, c'est
les tartes aux framboises
et les films de cow-boys itou,
ce qu'il déteste
c'est les motos
et les vélos itou
et moi, ce que j'aime,
c'est Paris
et Koki itou.

Et oh, là, là, on avait 38 bagages
en comptant l'appareil photo, les 2 cintres,
la bouillotte et les 2 boîtes de sardines.
On avait même une mallette
qui n'était pas à nous,
elle était marquée SN,
ça veut sans doute dire Sans Nom,

mais je vous en prie,
c'est un plaisir,
OK et puis
zut.

Quand je viens
à Paris, France,
je roule en Renault Dauphine.

On a chanté très fort :

Sur la Seine à Pa-ris les ba-teaux ça s'ap-pell' des pé-niches

Les arbr' s'ap pell' des mar-ron-niers et les chiens des ca- niches

Sur la Seine à Paris les bateaux
ça s'appell' des péniches
Les arbr' s'appell'
des marronniers et les chiens
des caniches

Au pont de No- tre Dam' c'est là qu'Pa-ris a son é - glise

*Au pont de Notre-Dam' c'est là qu'Paris
a son église
Et devinez qui c'est qu'est à Paris ? Qui ?
C'est Nanny et Mouflet et Fanchounette
et moi ELOÏSE.*

Koki a crié bravo, il a beaucoup applaudi
et il a tourné sur le pont Saint-Michel.

Des pigeons à Paris,
il y en a vraiment beaucoup.

A Paris, il y a plusieurs hôtels.

Notre préféré,
c'est le Relais Bisson
sur le quai des Grands-Augustins
à cause de l'air de la mer
qui souffle de la Seine.

Le hall est plutôt petit. A Paris, ça se dit
minuscule, et M. et Mme Dupuis sont
tout ce qu'il y a de plus français.
Mme Dupuis nous a beaucoup souri
et elle a dit : Good bonjour, bon morning,
madame Nanny et Nanny a dit :
Hello, hello, bonjour, madame Dupuis et,
oh, là, là, M. Dupuis a baisé la main
de Nanny et Mme Dupuis a dit
bonjour mademoiselle,
tu es une petite fille
bien sage,
n'est-ce pas ?

Non merci madame Dupuis,
moi, je suis ELOÏSE,
j'ai répondu.

En France, il faut essayer d'être poli, quand c'est possible. Il n'y a pas de portier alors, vous pensez...

Il n'y a pas d'ascenseur non plus. Je vous en prie, c'est un plaisir, il suffit de faire attention à l'escalier.

Quand on est dans la chambre, on a le droit
de se laisser tomber sur le lit et de profiter
de ces gros oreillers tout ronds, tout longs,
parce qu'on est fatigué, et fatigué, à Paris,
ça se dit : « Oh, là, là, je n'en peux plus,
je suis absolument épuisée. »

La chose
la plus urgente à faire,
c'est de mettre
ses chaussons.
A Paris, ça se dit :
« Vite, mes pantoufles ! »

Après, si on a envie d'une limonade
bien fraîche avec un peu de menthe dedans
il suffit, cling clang, de décrocher
le téléphone, et pendant qu'on attend
que quelqu'un réponde,

on a le temps de bâiller plusieurs fois,
de défaire ses valises
et de fouiller un peu partout.

L'eau est française,
pas de doute.

Et Fanchounette
a sa piscine privée.

Nanny dit qu'il faut tout cacher,
sinon on devra appeler les agents de police
et ils arriveront en soufflant
dans leurs sifflets à roulette.

Nanny a caché notre argent
dans un endroit tellement secret
qu'on ne l'a plus jamais
retrouvé.

Notre voisin s'appelle
M. Delacroix,
sa fille est à Bombay
et elle s'est baignée
avec son beau-frère
qui a avalé un noyau
de pêche.

M. Delacroix reçoit
pas mal de cartes postales.

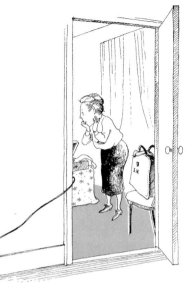

Et puis tout d'un coup,
scriiïc, crouiïk,
ne quittez pas,
tût, tût, tût,
scrouiïïc, bip, bip,
blouiïïirrkk,
bziiiiiizzzzzzzzzzzzzzzzzzzzzzzzouing
et hop, on a coupé.

La seule chose à faire, c'est
cling clang raccrocher le téléphone
et envoyer un télégramme.
Ensuite, il faut mettre le nez dehors
et descendre dans la rue, sinon
on n'avait qu'à rester à New York.

Alors pour commencer
on met ses gants,

on descend dans le hall
au triple galop

et on envoie un ou deux télégrammes.

A Paris, on ne peut aller nulle part
si on n'a pas un plan.

Oh, là, là,
il y a beaucoup de circulation à Paris.

Vous avez vu cette foule ?

A Paris, quand on va se promener, on dit :
« Je vais chercher du pain. »

Il y a une foule
de ceci

une foule de cela

une foule de chiens   une foule de chats

une foule de ceux-ci

une foule
de ceux-là

il y a une foule
de choses à Paris
et moi, les choses, ooooooooh, j'adore ça !

Paris, il faut y être pour le voir,
alors, on emporte
de quoi s'asseoir
et on regarde.

Le pain francais, ça fait de très bons skis.

On peut traverser
la Seine par la mer
ou à pied.
Nous, on a préféré
la mer. Nanny,
c'est un vrai corsaire
et moi, c'est ELOÏSE,
comme d'habitude.

Il y a une foule de poissons.

Il faut toujours se tenir prêt
avec son appareil photo au cas
où il se passerait quelque chose
pour pouvoir tout photographier
même si on ne voit rien.

Par exemple
si on veut prendre
une photo d'une statue
ou d'un ami
ou d'un ballon
ou de n'importe quoi,

on doit coller l'appareil
contre son front
et tourner le bouton
du bas jusqu'à ce que
le petit trait arrive
sur la marque bleue
au-dessous de la marque rouge,

après, on regarde bien
dans l'appareil et puis
on le balance brusquement
par-dessus son épaule
parce qu'on a la cheville
qui gratte très fort
et hop ! c'est terminé.

On peut faire développer
la pellicule tout de suite.

Si on veut, on peut même
enlever l'étui. Parfois,
il y a quelque chose
sur la photo.

Place de l'Étoile, on me voit partout,
quelquefois sur un vélo
mais jamais sans
klaxon.

Si on veut traverser, ils s'arrêtent pour
vous laisser passer.

Et alors, oh, là, là,
il y a eu une grande agitation.

Paris est une ville très agitée.

Et l'agitation,
ça fait de bonnes photos.

C'est fou
les promenades
qu'on peut faire
sur les Champs-Élysées
avec les voitures qui ronronnent
derrière vous sur les trottoirs.

A Paris, ce qu'il faut faire, c'est bouger
beaucoup.

Regarder
en l'air

ou s'asseoir
à la terrasse d'un café.

Moi, je suis toujours au Fouquet's.
Je m'assieds au premier rang
pour mieux voir et je prends
une ou deux tartes
aux mirabelles.
Ici, c'est IM-POS-SI-BLE
d'avoir du bon thé,
ils ne font pas bouillir l'eau,
il vaut mieux boire
du champagne avec
un peu de pêche dedans.
On a rencontré
Mrs Fifield, elle était
absolument ravie et
elle avait dépensé tous
ses traveller's chèques chez Balmain
rue François Ier. Elle ne parle pas
français alors vous imaginez.
Au Fouquet's, les pigeons sont en parfaite
santé mais aucun n'est aussi gros qu'Emily.
Il faut leur parler en parisien
parce que justement, ils sont parisiens,
et « Allez-vous-en » à Paris, ça se dit :

« Dégage, sac à plumes ! »
Sinon ils s'assoient
sur votre tête et ils vous
enlèvent vos lunettes.
J'ajoute un petit jet
d'eau de Seltz pour les
rafraîchir, comme ça,
ils ne souffrent pas
trop de la chaleur.
Et ils s'en vont
en se dandinant,
c'est encore plus
rafraîchissant.

Parfois, ils ont les pieds roses
et leurs yeux sont rouges
mais ils ne toussent pas.

J'ai pris cette photo d'un pigeon
qui parle à une bouteille d'eau de Seltz.

Voilà ce que je dois faire
chaque matin à Paris :
me glisser hors du lit,
saluer les pêcheurs
sur la Seine,
et dire bonjour
à Notre-Dame.

Après, je dois brosser
mes cheveux
jusqu'à ce qu'ils soient
tout droits,

me mettre du lait
de concombre
sur le visage,

et me regarder dans la glace
pendant un petit moment.
C'est comme ça
qu'on s'amuse
à Paris.

Ensuite je me mets à bâiller ou je respire
des pivoines ou autre chose
du même genre.

Et puis je fais
ma gymnastique
au champagne.

Mouflet
est gardien
de bulles.

Le matin, on boit toujours du café au lait,
c'est comme ça qu'on dit du thé à Paris,
et on mange un croissant
absolument délicieux.

Mouflet a pris un bain
dans du Perrier,
ça l'a piqué
comme des petites aiguilles,
ça lui a chatouillé le nez
et ça l'a bien rafraîchi.

Fanchounette passe son temps
à nager. Ce qu'elle préfère,
c'est le crawl.
Mouflet dort beaucoup
sous le lit,
il y fait plus frais
et il aime bien avoir les os en gelée.
Il a drôlement grossi,
Fanchounette itou,
Nanny itou
et moi itou, ELOÏSE.

Nanny, ce qui lui donne
mal à la tête (à Paris
on dit : « une migraine
épouvantâââââble ! »),
c'est les pigeons.

Et moi, j'ai
18 bouchons
de champagne.

Le soir à Paris, je prends un bain de pieds
avec un petit savon à la laitue,
de l'eau de cologne itou
et du lait de concombre itou.

Je me penche à la fenêtre
pour dire bonsoir
à Notre-Dame
et je me prends le pied
dans la bouillotte.

Ensuite, je sors mes chaussures
pour les faire cirer parce que les pavés
de Paris ça salit terriblement.
Mais il faut penser à mettre
son nom dessus ou alors
c'est M. Delacroix
qui portera vos pantoufles
demain matin.

Après, je bois une bouteille de Perrier
et je me repose, à Paris, ça se dit :
« Je me la coule douce »,
et puis je lis le *Herald Tribune*.

Ensuite, je file envoyer un télégramme.

Le concierge le relit à haute
voix pour être bien sûr :
MISTEUR GENE VIOT
DIRECTEUR DE L'HÔTEL
PLAZA CINQUANTE NEUVIÈME
RUE NEW YORK USA
CHER MISTER VIOT VOUS SAVEZ
LE BOUTON QUI COMMANDE L'AIR
CONDITIONNÉ AU HUITIÈME ÉTAGE ?
JE CROIS BIEN QU'IL NE MARCHE PLUS
ET C'EST NORMAL PARCE QUE
LA PRISE DE COURANT
ELLE EST A PARIS AVEC MOI.
ELOÏSE

Après, je visite les escaliers
pendant quelques heures

sans savoir très bien ce que je fais.

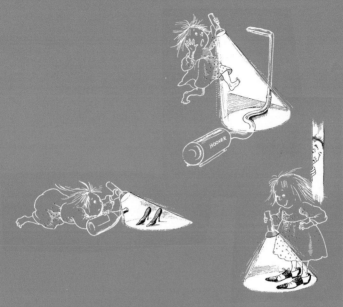

Les chaussures de M. Delacroix viennent
de New York.
Il y a des gens qui ont des grands pieds.

Bonne nuit, à Paris,
ça se dit « Salut ! »

Il y a beaucoup de choses
à voir, par exemple
on peut aller
sur la tour Eiffel.
Elle est absolument
immense et plutôt haute,
alors j'accroche
mes jumelles autour
du cou à cause du vent
et je monte à reculons.

Nanny
a caché son argent
dans son bas.

Agréable, à Paris, ça se dit
« chouette » et les marchands
de glace, c'est très chouette !

J'ai pris cette photo de Mouflet
qui parle à un escargot français.
Il est un peu flou-flou.

Quand je vais à la Madeleine
je prends mon parapluie,
à Paris, on dit un
« pépin », et je mange
des amandes
dans un sac
qui fait du bruit.
A Paris, les gouttes
sont plus grosses
qu'ailleurs.

On peut aussi
aller au Sacré-Cœur
acheter des ballons rouges,

ou à l'ambassade
de Grande-Bretagne.
Là, ils font bouillir l'eau.
On peut déjeuner à L'Escargot.
Les autres mangent
un escargot et moi
un potage du jour.

Il y a plusieurs
restaurants à Paris.

Les langoustines
font de jolis ongles,
Paris, c'est le monde du poisson.

On peut aussi aller aux courses.
Je me mets toujours au premier rang
et je regarde les chevaux courir
la queue au vent,
ils font du bruit avec leurs naseaux
et roulent leurs gros yeux.
Parfois, il y en a un qui gagne.

Ou alors on va au Ritz
dans une voiture à cheval.
C'est juste derrière Napoléon.

On prend le thé
dans le jardin avec
une serviette verte
et du gravier
par terre.

On peut aller au zoo,
faire un safari
à la française

ou à l'opéra
voir un ballet.

J'ai pris un cigare en sucre d'orge
et j'ai attrapé trois moucherons
qui traînaient par là.

Quand on va au marché aux puces,
voilà ce qu'on trouve :
éventail
en plume rouge
fourrure de renard
robe de mariée
défenses d'éléphant
si on en a besoin et beaucoup
d'autres choses plutôt précieuses.

Moi, j'ai trouvé
deux bouchons
de champagne
et je les ai fait
envoyer à New York
par avion.
C'était une assez
bonne affaire.

Paris, c'est le monde
de la mode.

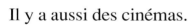

Il y a aussi des cinémas.

On y est allés
37 fois et on a vu
Orson Welles 19 fois.

On peut faire des courses
dans les magasins, à Paris, ça s'appelle
« du shopping ». Les rues, il n'y a que ça,
à Paris. Ce qu'il faut,
c'est tout montrer
du doigt et dire :

Ooooooooooooh,
tu as vu ça ?

et ooooooooooooh,
regarde ça !

Moi, je dois
toucher à tout,

tout essayer,

vérifier si tout
marche bien.

Mais parfois,
il faut dire : « Oh, là, là,
je n'en peux plus,
je suis absolument
épuisée. »

Quand je vais à Paris,
je plonge
dans les fontaines,
c'est assez
rafraîchissant.

A Paris,
« il fait chaud »,
ça se dit :
« j'ai soif ! »

C'est Nanny
qui a pris
cette ravissante
photo de moi.

Quand il pleut vraiment beaucoup,
il n'y a qu'à aller au Louvre.

Mrs Fifield était derrière la *Vénus de Milo*,
alors, vous imaginez.

Ce qu'il faut faire, au Louvre,
c'est s'approcher
sur la pointe des pieds
et tendre le cou
pour écouter
le guide.

Il y a plusieurs tableaux,
et même un peu plus.

Et, oh, là, là, au moment de sortir,
il y a eu une terrible agitation.

Il y avait deux employées
et une femme avec
un sweater
et elles ne voulaient pas
nous rendre notre appareil photo
ni Mouflet, ni Fanchounette, ni notre pépin
parce qu'elles disaient qu'on aurait dû
avoir un ticket,
alors on a dit :
« Un ticket et puis quoi encore ? »
A Paris, c'est comme ça qu'on dit :
« On l'a perdu. »
et elles ont dit pas de ticket, pas d'appareil,
pas de tortue, pas de chien, pas de pépin.
Et, oh, là, là,
il a fallu que l'une d'entre nous
monte toutes ces marches pour aller voir

si quelqu'un ne l'avait pas oublié
derrière la *Victoire de Samothrace*.

Nanny a dit
Ah ! ces Français,
ces Français, ces Français !
et moi j'ai dit
je vous en prie,
c'est un plaisir,
OK
et puis zut.

Moi,
quand je sors du Louvre,
je pince toujours
l'*Apollon du Belvédère*.

Quand je mange une salade niçoise
à Saint-Germain-des-Prés,
je suis toujours pieds nus.

Koki a pris
cette ravissante photo de nous.

Un melon, c'est très rafraîchissant
pour les pieds et ça fait
un excellent chapeau.
Mouflet a beaucoup embrassé
Fanchounette.

M. Dior a fait
une robe très chic
spécialement pour moi,
j'aurais préféré
un ou deux pompons
mais je vous en prie,
c'est un plaisir.

Je suis
un vrai mannequin,
à Paris, ça se dit
un « top model ».

Un dimanche, Koki est venu
dans sa petite Dauphine et il m'a dit
bonjour, ma chérie,
où allons-nous aujourd'hui ?
et moi, j'ai dit mon cher Koki,
conduisez-moi donc dans un château. »
Koki, c'est mon meilleur ami à Paris.

Tout ce qu'il faut savoir
sur Versailles,
c'est que Louis XIV
était le père de Louis XV
et que Louis XVI
habitait au Louvre, je crois.

A Paris, il y a beaucoup de pavés
et parfois, on a un pied ou deux
qui n'aiment pas beaucoup ça.

La galerie des Glaces est magnifique.
Je n'y ai vu personne d'autre
que moi, ELOÏSE,
c'était très chouette.

On ne trouve pas le moindre roi en France.

Koki a pris cette ravissante photo
de moi en train
de manger du gâteau,
ça s'appelle un « cake »
en français.

Je ne vais jamais au bois de Boulogne
sans mon sweater français
au cas où on pique-niquerait.
Dans le bois, il y a une mare,
on appelle ça un « lac » à Paris,
j'ai rencontré un canard,
qui était très chouette.
On a joué au couteau
et compté les trèfles.
A Paris, les sandwiches
sont très gros
et il a fallu planter
des petits drapeaux
pour reconnaître
celui aux anchois,
celui au concombre,
celui au fromage,
qui se dit
« camembert » à Paris,
et celui au gazon.

Dans le bois, il y a des gens
qui ne vous regardent même pas.

Koki a joué de la guitare et moi, j'ai dansé.
Il a chanté une chanson française
sur la passion des étoiles, c'est l'histoire
d'une fille qui a perdu sa chaussure
dans la forêt.

En général, on peut emmener
son chien partout.

Si on va à la pêche à Paris,
on prend des coups de soleil sur le bras
et après, il faut mettre plusieurs
couches de crème, c'est pour ça
qu'il vaut mieux pêcher le soir ou alors
sous la pluie. A Paris, la pluie, ça se dit :
« Quel temps de chien ! »

En France, il faut se contenter
de ce qu'on a, par exemple si on veut
les mêmes bonbons qu'à New York,
on prend de la pâte d'amande à la place
et si on veut du soleil,
on prend de la pluie.

C'est fou ce que le Plaza me manque,
la femme de chambre itou,
et le portier itou,
oh, là, là, c'est difficile d'être un enfant,
difficile à Paris ça se dit : « Quelle vie ! »

Le froid, c'est à droite,
le chaud, à gauche,
on peut être sûr
que c'est vrai,
mais pas toujours.

A Paris, il faut faire attention
aux jets d'eau brûlante sur le ventre.

En général, on s'habille pour aller dîner.

Pour mon dernier soir à Paris,
je mets toujours mes pantoufles roses
et je vais chez Maxim's.
Je dis bonsoir Albert.
Il est français
et il a beaucoup admiré mon collier
en bouchons de champagne.

Il y a des musiciens
qui n'arrêtent pas de jouer
et c'est plutôt joyeux.

Il faut passer longtemps à lire le menu,
on n'y comprend pas grand-chose.

Mrs Fifield a commandé un soufflé
et nous on a pris ces adorables
petites fraises
qui sont terriblement sauvages.

Pendant qu'on attend, on peut observer
ce qui se passe tout autour
ou alors faire quelques grimaces.

Quand on vous apporte l'addition,
il faut la regarder un moment et dire :
« Oh, là, là, mettez-la sur mon compte,
Albert, et merci. »
Ma mère est amie avec Maxim.

Je ne voulais
absolument pas partir
parce que j'aime
beaucoup Paris.

J'ai fait descendre
les bagages
de bonne heure.

Mrs Fifield
a demandé
quel avion on prenait.
Elle avait
le siège n° 6.

J'ai donné toutes
mes photos
à Koki pour
qu'il n'oublie jamais
notre voyage
à Paris.

Il m'a donné
un bouchon de champagne
du sud de la France
et j'ai dit
Oooooooooooooh, je vous aime beaucoup,
je l'ai même dit en anglais
Oooooo, I absolutely love you Koki.

En tout, j'ai envoyé
67 cartes postales
par avion.

On avait pris quelques kilos
surtout Mouflet.

Nanny a dit à bientôt Koki
et merci, merci, thank you,
Koki a dit
au revoir, ma chérie,
alors, moi j'ai dit
au revoir, mon chéri,
et c'était plutôt triste,
et même triste, triste, triste.

Quand on est arrivés à New York
oh, là, là, on avait 114 bagages
mais on n'a pas retrouvé la mallette
qui n'avait pas de nom.
On n'avait absolument rien à déclarer.

Les capsules de bouteille,
on peut les cacher derrière les genoux,
personne ne regarde jamais là.

Ils n'avaient absolument
rien fait pendant
mon absence.

M. Viot est
un peu français.

Dernier étage, triple galop, s'il vous plaît.

Cling clang, j'ai décroché
le téléphone,
les gens du service
étaient très contents
de m'entendre,
ils m'ont dit
oui, Eloïse ?
alors, j'ai dit :

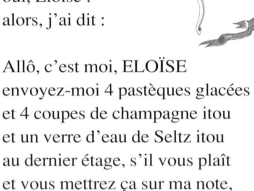

Allô, c'est moi, ELOÏSE
envoyez-moi 4 pastèques glacées
et 4 coupes de champagne itou
et un verre d'eau de Seltz itou
au dernier étage, s'il vous plaît
et vous mettrez ça sur ma note,
merci beaucoup.

Ooooooooooooh, j'adore le Plaza,
cling clang, je raccroche le téléphone
et je me la coule douce.

Alors, Nanny a dit :
Eloïse tu ne sais pas qui a laissé

la fenêtre de la salle de bains ouverte
pendant qu'on n'était pas là ?
Je me demande qui ça pourrait être.
Et j'ai dit, alors ça,
Nanny, je n'en sais rien du tout
et Nanny a dit :
tu ne crois pas que ça pourrait être toi,
ma chérie ? Et j'ai dit : oh, là, là,
ma chère Nanny, c'est difficile à dire,
mais pourquoi cette question,
Nanny chérie ?
Alors Nanny
s'est glissée vers
la porte de la salle
de bains,
elle l'a ouverte
et elle a dit :
regarde

regarde

regarde.

Oh, là, là, il y a beaucoup
de sacs à plumes dans notre salle de bains.
Emily et ses amis étaient ravis
de nous voir.

J'aime beaucoup le Plaza.
A New York, ça se dit :
Oooooooooo, I absolutely love
the Plaza.

Et maintenant,
je vais m'occuper de la boîte aux lettres.

FIN

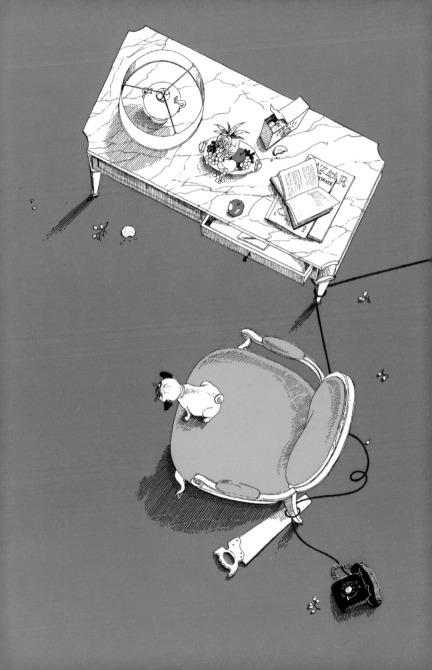

Née au début du XXe siècle, **Kay Thompson**
a exercé différentes professions : pianiste, chanteuse,
actrice… avant de devenir le célèbre auteur des
Eloïse. Sa rencontre avec l'illustrateur Hilary Knight
donnera un visage à son héroïne. Le premier *Eloïse*
est publié en novembre 1955, suivi deux ans plus tard
par *Eloïse à Paris*. De leur collaboration naîtront
encore deux albums. Le succès est immédiat,
et la petite fille, qui est devenue l'emblème
du Plaza, a inspiré des films, des poupées et même
une collection de vêtements. Kay Thompson est
décédée en 1998 mais Eloïse, du haut de ses éternels
six ans, continue sa fabuleuse carrière.

Hilary Knight est né à Long Island, aux États-Unis,
de parents artistes et écrivains. Après des études
artistiques, il entame une carrière d'illustrateur pour
la presse. En 1954, il est présenté à Kay Thompson.
Il imagine tout de suite son héroïne, et lui envoie
sa première représentation en guise de carte de vœux.
Il se consacre dès lors principalement à l'illustration
de livres pour enfants. Il en a illustré près d'une
cinquantaine à ce jour.